Lettres Patentes

DV ROY EN FORME D'EDICT, PAR LESQVELLES SA Maiesté veut & ordonne, que les murailles de la ville de Sainct Iean d'Angely soient rasees, & les fossez comblez, auec priuation de tous les priuileges desquels ladite ville a cy deuant ioüy.

A PARIS,
Par FED. MOREL, & P. METTAYER, Imprimeurs ordinaires du Roy.
M. DCXXI.
Auec Priuilege de sa Majesté.

OVIS par la grace de Dieu Roy de France & de Nauarre, à tous presens & aduenir, Salut. Les Rois nos predecesseurs ayans tousiours cherement aymé leurs subiects, auroient en diuerses occasions vsé de leur clemence enuers ceux qui se seroiēt departis de leur deuoir, & de l'obeissance, à laquelle ils estoient naturellement obligez: & au lieu de punir & chastier seueremēt les crimes & attentats, qui estoient commis contre leurs personnes & auctorité, les auroient plusieurs fois remis, pardonné & aboly, desirans plustost receuoir par douceur l'obeyssance, que de l'exiger par la rigueur & par le chastiment. Le feu Roy Charles neufiesme de glorieuse memoire, donna vn singulier exemple de cette debonnaireté, lors qu'ayant en l'annee mil cinq cens soixante neuf, assiegé & pris la ville de S. Iean d'Angely, qui s'estoit sousleuee & reuoltee contre luy, & soustenu vn long siege: non seulemēt il laissa la ville en son entier, mais encores laissa les habitās d'icelle en leurs priuileges, exemptions, & immunitez, qui leur auoient esté concedees. Mais tant s'en faut que cette grace signalee aye peu flechir & changer la dureté & mauuaise nature de la plus part des habitans de ladite ville, qu'au lieu de recognoistre cette obligation, & profiter à l'aduenir du peril eminēt qu'ils auoient encouru, ils s'en seroiēt esleuez & enorgueillis : de sorte qu'en la pluspart des troubles & mouuemés qui se seroient excitez en nostre Royaume , ils auroient esté tousiours les premiers à se reuolter contre leur Prince. Ce qu'ils ont encores en l'occasion presente fait paroistre , ayans pris telle habitude dans la felonnie & rebellion , que bien qu'ils eussent deuant leurs yeux l'exemple des villes de cette prouince & autres, par lesquelles nous auons passé en ce voyage, qui se sont sousmises à l'obeissance qu'ils nous doiuent, toutesfois ils auroient esté si insolens & temeraires, que de nous fermer le passage par ladite ville, & de porter leurs armes contre nostre propre personne. Ce qui nous auroit obligé d'y mettre le siege, dont par la grace de Dieu , ayans eu la bonne yssuë que nous en pouuons desirer, apres y auoir toutesfois employé le ſang de pluſieurs de nos bons ſubiects & ſeruiteurs, & y auoir fait de grandes deſpenſes, nous aurions iuſte ſubiect d'expier leur crime ſi enorme par la punition exemplaire de nombre deſdits habitãs & autres, qui s'eſtoient iettez dedans cette place. Neantmoins conſiderant qu'ils ſont nos ſubiects, quoy que rebelles, nous aurions deſiré d'vſer en leur endroict de noſtre bonté & clemence accouſtumee, & leur conſeruer la vie & les biens. Mais voulans oſter le moyen de retomber cy apres dans le meſme crime, & laiſſer à la poſterité quelque marque du chaſtiment qui aura eſté fait de cette rebellion : afin auſſi que nos autres villes & ſubiets ſur cet exemple ſoient plus retenus à ſe departir de l'obeiſſance qu'ils nous doyuent, SÇAVOIR FAISONS, que Nous pour ces cauſes, & autres bonnes & importantes conſiderations à ce nous mouuans, De l'aduis des Princes, Ducs, Pairs, & Officiers de noſtre Couronne, & principaux de noſtre Conſeil eſtans prés de Nous, Nous auons dit, ordonné, & declaré, diſons, ordonnons, & par ces preſentes declarons, voulons & nous plaiſt, que les murailles, remparts, portaux, tours, baſtions, eſperons, rauelins, & autres fortifications & enceinte de ladite ville, ſoient entierement deſmolies, deſmantelees, & razees, & que les foſſez d'icelle en ſoient comblez, remplis, & explanez, en ſorte qu'il n'y demeure aucune fortification, cloſture, ny enceinte. Comme auſſi nous auons reuoqué, ſupprimé, eſteint & aboly: reuoquons, ſupprimons, eſteignons, & aboliſſons tous les priuileges, exemptions, immunitez, & autres conceſſions cy deuant faictes par les Roys nos predeceſſeurs,

& par nous confirmees à ladite ville, declarans les habitãs d'icelle indignes à iamais d'en iouyr & les posseder. Voulons & entẽdons qu'ils soient par cy apres taillables & cottisez à toutes leuees, impositions & coruees, ainsi que nos autres subjets du plat pays: Comme aussi nous esteignons & abolissons tous priuileges & concessions attribuees à la Mairie & Escheuinage de ladite ville. Voulons que tous les deniers communs & patrimoniaux, qui pourroient appartenir ou estre affectez à ladite ville, de quelque nature qu'ils puissent estre, soient reünis à nostre Domaine, & receuz doresnauãt par les Thresoriers & Receueurs d'iceluy, pour estre portez en nos receptes generales, comme estans à nous confisquez par leur rebellion. Et d'autant que nous auons recogneu qu'aucuns des principaux Officiers, tant du siege

Royal,

Royal, que de l'eslection & de la recepte des Tailles dudict lieu, n'ont point adheré ny participé à ladite rebellion, & qu'ils se sont retirez & demeurez dans leur deuoir & fidelité, à laquelle ils nous sont obligez, Nous auōs accordé en leur seule consideration & faueur, que le siege de la iustice ordinaire, ensemble le bureau de l'eslection, & de la recepte des tailles, demeureront audit lieu : & que nosdits officiers continueront d'y faire la fonction & exercice de leurs charges ainsi qu'ils ont accoustumé. SI DONNONS EN MANDEMENT à nos amez & feaux les gens tenans nostre Cour de Parlement de Bourdeaus, & autres nos Officiers, Iusticiers & sujets qu'il appartiendra, que ces presentes ils facēt lire, publier & enregistrer chacun endroit soy, & le contenu en icelles garder & obseruer exactemēt, sans y contreue-

nir, ny souffrir qu'il y soit cõtreueu
Car tel est nostre plaisir. Et afin que c
soit chose stable & ferme à tousiours
Nous auons fait mettre nostre seel à
cesdites presentes, sauf en autre chose
nostre droict, & l'autruy en toutes.
Donné à Cougnac au mois de Iuillet
l'an de grace mil six cens vingt-vn, &
de nostre regne le douziesme.

Signé, LOVIS.

Et sur le reply, Par le Roy.

PHELIPPEAVX.

EXTRAICT DES REGISTRES de Parlement.

APRES que lecture a esté faicte des lettres patentes en forme d'Edict, donnees à Cougnac, au mois de Juillet mil six cens vingt & vn, signées LOVIS, & sur le reply, Par le Roy, Phelipeaux. Et seellees du grand sçeau de cire verte, concernant la ville de sainct Iean d'Angely, habitans & officiers d'icelle : & ouy sur ce de Mullet pour le Procureur general du Roy.

LA COVR ordonne, que sur le reply desdites lettres, desquelles lecture a esté presentement faicte, seront mis ces mots ; Leuës, publiees, & enregistrees, ouy, & ce requerant le Procureur general du Roy, & que coppies d'icelles deuëment collationnees à leur original, & signees du Gref-

fier, seront enuoyees à la diligence dudit Procureur general, par toutes les Seneschaussees & Bailliages du ressort d'icelle, pour y estre faicte semblable lecture, publication, & enregistrement. Enjoignant aux Substituts dudit Procureur general esdites Seneschaussees, certiorer la Cour du deuoir qu'ils auront sur ce faict dans quinzaine. Faict à Bourdeaus en Parlement le sixiesme Iuillet mil six cens vingt-vn.

Signé, DE PONTAC.

DE PAR LE ROY.

NOS amez & feaux, encores que la reuolte & rebellion des habitans de S. Iean d'Angely, meritast vn fort seuere chastiment en la personne de nombre d'entr'eux, pour l'abolition du crime si enorme qu'ils ont commis: neantmoins nous auons estimé estre de nostre clemence, d'espargner le sang des habitans, comme estans nos subjets, & faire porter à la ville, la marque de la iuste punition, qui doit estre faicte de cette desobeissance: afin que nos autres villes, & subjets, & la posterité y prennent exemple. Pour cet effect nous auons resolu de faire demolir & demanteler les murailles & fortifications de ladite ville, & de reuoquer & abolir tous les priuileges qui ont esté cy deuant concedez aux habitans d'icelle, dont nous auons fait expedier nos lettres patentes, lesquelles vous enuoyős. Nous auons bien voulu vous faire cette-cy, par laquelle nous vous mãdons que vous ayez à les faire incontinent enregistrer & publier en l'estenduë de nostre ressort, & mesme audit lieu de S. Iean, prenant le soin que vous auez de l'obseruation d'icelle, comme estant chose que nous auons en singuliere recommandation. Si n'y faictes faute: Car tel est nostre plaisir. Donné à Cougnac, le 4. iour de Iuillet 1621.

Signé, LOVIS.

Et plus bas, Par le Roy,

PHELIPEAVX.

Et au dessus,

A nos amez & feaux les gens tenans nostre Cour de Parlement de Bourdeaus.

Sommaire du Priuilege.

PAR Lettres patentes du Roy, donnees à Paris le vingt-deuxiesme iour de Feurier, mil six cens vingt, signees, LOVIS, & sur le reply, Par le Roy, DE LOMENIE, & scellees du grand scel dudit Seigneur, en cire iaulne, sur double queüe : verifiees, tant en la Cour de Parlement, Chambre des Comptes, Cour des Aydes, Chastelet de Paris, qu'au Bailliage du Palais : Il est permis à Federic Morel, & Pierre Mettayer ses Imprimeurs ordinaires, d'imprimer, ou faire imprimer, vendre & debiter tous Edicts, Ordonnances, Mandemens, Lettres patentes, comme aussi tous Arrests, tant de son Conseil, que de ses Cours, sans qu'autres Libraires & Imprimeurs les puissent imprimer ne faire imprimer, vendre ne distribuer, en quelque sorte & maniere que ce soit, sur peine de cinq cens liures d'amende. Voulant au surplus, que tout ce qui se trouuera imprimé de ce que dessus, par autres que lesdits Morel & Mettayer, soit saisi & cancelé comme nul & faulx, & faict contre son auctorité & commandement.

www.ingramcontent.com/pod-product-compliance
Lightning Source LLC
LaVergne TN
LVHW010339230826
846091LV00009B/3940

* 9 7 8 2 3 2 9 6 1 3 3 8 3 *